JN437895

____________________ 님께

____________________ 드림

하이쿠 시집

세상밖 나오기엔 아직 어리지만

시 | 정성희
그림 | 전혜빈
표지 글씨 | 장옥현
캘리그라피 | 김소연

해피&북스

세상밖 나오기엔 아직 어리지만

– 하이쿠 시집

초판1쇄 2019년 7월 20일

지은이 정성희
펴낸이 채주희
펴낸곳 해피&북스

등록번호 제13-1562호(1985.10.29.)
등록된곳 서울시 마포구 신수동 448-6
전화 (02)323-4060,6401-7004
팩스 (02)323-6416
이메일 elman1985@hanmail.net
www.elman.kr
ISBN 978-89-5515-656-0 0 3 8 1 0

값 11,800원

하이쿠 시집

세상 밖 나오기엔 아직 어리지만

시 | 정성희
그림 | 전혜빈
표지 글씨 | 장옥현
캘리그라피 | 김소연

해피&북스

세상밖 나오기엔
아직 어리지만

(시동지 활동 장면)

서문

50대 여교사들이 모였다. 시동지(시적인 동시에 지적인) 모임.
시인의 시적인 이야기를 듣고 시인의 시를 읽고 감상하며 경치 좋은 곳에서 자연을 벗삼아 시인처럼 시를 쓰고... 낭만을 즐기고 여유를 부리며 시적인 동시에 지적인 활동을 이어갔다.
하이쿠 시가 가슴에 와 닿았다. 마쓰오 바쇼의 하이쿠를 탐독하며 시 쓰기가 시작되었다. 하이쿠는 계절과 관련있는 것들을 소재로 5.7.5의 운율에 따르는 일본의 정형시이다. 시를 잘 몰라도 주변의 풍경과 어릴 때 추억을 떠올려 하이쿠 형식에 맞추어 써 보니 재미가 있었다. 박일환이 「청소년을 위한 시쓰기 공부」에서 '시적인 것은 특별한 것이 아니라 우리 주위에 흔하게 널려 있고, 우리가 쓰는 말들이 모두 시적인 말이 될 수 있고 보는 모든 풍경이 시적인 풍경이 될 수 있다.' 고 한 것처럼 눈앞에 보이는 풍경에서 시의 소재를 찾아보고 나름대로 이야기를 엮어 하이쿠 형식에 맞추어 써 보았다. 절제된 표현의 3행시도 좋지만 더 많은 것을 담고 싶어 연시의 형식으로 정형을 벗어난 시를 쓰게 되었다. 생활 속의 것을 일상의 언어로 시를 쓰면서 더 나아질 수 있다는 가능성과 희망도 가져본다. 왜냐하면 모든 것에 대해 더 많이 관심을 가지고 자세히 보면서 특별한 의미도 붙여보는 태도를 가지려고 노력하기 때문이다.
시동지 회원 선생님들과 1년 동안 함께 활동해온 것에 감사드리고 혜빈이, 소연이, 표지 제목 글씨를 기꺼이 써주신 장옥현 선생님, 그리고 이 시집을 내기까지 여러모로 도움을 주신 고수미 선생님께 고마움을 표한다.

피천득의 시를 떠올린다. '신록을 바라보면 내가 살아있다는 사실이 참으로 즐겁다. 내 나이를 세어 무엇하리 지금부터 시작이다.' 계속 도전하고 싶다.

2019년 가는 오월을 아쉬워하며

정 성 희

차례

◈ 봄

◈ 여름

◈ 가을

◈ 겨울

봄

도도한 목련꽃

어스름한 밤

홀로 핀 목련 송이

도도하구나

목련꽃

세상은 아직
어둡고 추운데
꽃 피었네
겨우 한 가닥
온풍이 불어올 즈음
꽃봉오리 터져
춥던 겨울날
털 속에 꽃 순을 품고
벌벌 떨었던
꽃순이 얼까봐
혹시 잃을까봐
몸 웅크렸던 목련
일찍 피었네
하얗게 피었네
고결하게 피었네

민들레 홀씨

민들레 홀씨

어디에다 뿌릴까

목 길게 뺀네

화실 매화

화실(畫室) 뜰 매화

추위에 떨고 있어

몇 가지 꺾어

방안에 두었네

몽글몽글 핀 매화

향기 내뿜어

화가의 그림도

숨쉬는 꽃이 되어

화실(花室)이네

붉은 매화 꽃잎 차

잔 속에 띄운

매화 꽃잎 하도 붉어

한참을 보다

잔을 입에 대니

입술에 붉은 물 묻은 듯

손으로 만져본다

고향의 봄

공원 지나다
길가에 핀 꽃 보니
고향에 온 듯

뒷산 진달래
앞산 쑥국새 울음
고향 생각나

제비

삼월 삼짇날
제비는 돌아올 날
알고 있을까

집안을 돌며
지지배배 인사해
작년 그 제빈가

올해 온 제비
빈 집 옆에 집을 짓네
새 집이 좋아서

벚꽃 축제

흐드러지게 핀
벚꽃 나무 아래
잔치 벌였네
꽃잎 우수수
잔치상에 떨어져
벚꽃 축제라
한바탕 웃고
벚나무 위를 보니
겨우 한 그루

봉숭아꽃

연한 빛 꽃잎

나비 닮은 여린 꽃

봉숭아 꽃잎

꽃 떨어질라

가늘고 빼빼한 줄기

애써 강한 척

이팝나무 가로수

봄향기 짙은
쑥버무리 가로수
이팝나무 꽃

넝쿨장미

가지를 엮어
바람따라 춤추는
울타리 장미

가시로 무장
넝쿨장미 지킴이
울타리 수호자

새빨간 장미

뜰앞에 장미
새악시 입술처럼
새빨간 꽃잎

석양질 무렵
구릿빛 노을 비춰
장미 눈부셔

흑장미

담장에 우뚝
햇살 받은 흑장미
귀족의 후예

아카시아꽃

은은한 향기

벌써 오월이구나

아카시아꽃

고향집 떠나

산모퉁이 돌아설 때

풍기던 향기

찡한 고향 냄새

한참을 서서 맡았던

오월의 냄새

찔레순 꺾어 먹어

내 어릴 때

학교갔다 집에 올 때

배는 고프고

발걸음 무거워

찔레꽃 새 순 꺾어

허기 달랬지

뽀얀 작은 꽃

파란 언덕 위
쌀가루 뿌려논 듯
뽀얀 작은 꽃
보일 듯 말 듯
노란 입술 봉오리
하얗게 피었네

보리 깜부기

보리 익어갈 때

보리밭 여기저기

우뚝 솟아난

보리 깜부기

한 웅큼 입에 넣고

숨 몰아쉬자

입안이 텁텁

헛트림하고 태연한 척

입을 훔친다

여름

호박잎 쌈

입맛 없는 여름

청양고추 썰어넣고

된장국 끓여

까칠까칠한

호박잎 살짝 쪄서

한 입 쌈 먹으면

밥그릇 뚝딱

고기 반찬 안 부러워

입맛 돌아와

살구

교문 들어서면

듬성듬성 달려있는

주먹만한 살구

탐스러운 것

내 꺼 점찍었는데

밤새 없어져

개살구

노오란 살구

먹음직스럽지만

맛은 개살구

화분 속 감자

화분 속 감자
세상나와 하는 말
작은 게 이뻐

화분 속 감자
세상 밖 나오기엔
아직은 어려

감자의 소원
큰 밭에 뿌리 내려
몸 크고 싶어

연보랏빛 감자꽃

냇가 옆 둑밭

연보랏빛 감자꽃

올 감자 풍년

달팽이의 죽음

베란다 달팽이

물기 없이 뜨거워

그 곳이 죽음

국수 꽁지

엄마 손국수
밀가루 뿌려가며
홍두깨 굴려
한 뭉치 반죽을
마루 한가득 밀어
접어서 썰 때
기다리던 아이
남은 꽁지 얻어
숯불에 굽네
볼록 볼록
툭툭 터지는 소리
침 먼저 삼킨다

또아리 튼 뱀

이른 새벽에

막대기 하나들고

밭에 간 엄마

참외 순치다

또아리 튼 뱀 보고

줄행랑친다

일월산 구름

하늘 맞닿은
일월산 꼭대기에
구름 걸렸네

새하얀 구름
밤새 중턱 내려와
이불 피셨네

포근한 이불
햇님이 자고 갔나
혹시 달님이

아침이 오자
햇님이 슬그머니
이불 갚추네

내 별을 찾아

봉정암 뒷산

바위에 둘러 앉아

하늘을 보니

은하수 접시

가득 담긴 밝은 별

곧 쏟아질 듯

그 중 하나

손가락 길게 뻗어

그 별을 찾네

남해 보리암

남해 보리암
항상 관세음보살
그 곳에 계셔
내 소원 빌러
머언 길 한달음에
달려갔더니
보살님 내게
살포시 미소 짓고
반기는 얼굴
마음이 기뻐
보살님께 절공양
천 배를 하니
대자대비하신
연좌에 앉은 부처님
현몽하셨네

스님의 염불

여름밤 절간

모기채 잡은 스님

염불만 계속

동물 캐디

골프장 잔디
뒤뚱뒤뚱 잰걸음
동물 캐디들
골퍼 공치자
까치 후루룩 날아
먼저가 앉고
다람쥐, 까치
힐끗 뒤돌아보며
거리 재나봐

여치집

티끌 날리며

보리타작하는 날

아이는 친구랑

집 뒷켠에서

통통한 보릿짚 골라

이리저리 엮어

여치집 짓고

숲속 벌레 잡아 넣어

벽에 걸어두면

벌레 슬금슬금

얼기설기 지은 집

빠져 나간다

여름 불나방

가로등 빙빙

저승길 찾아가는

여름 불나방

보름달

새까만 하늘
동그란 등대 하나
내 앞길 비추네

노란 둥근달
산 위에 덩그러니
홀로 외로워

잠자리떼

장마 끝나자

잠자리떼 한마당

몰려 왔다가

빙빙 돌고 돌다

어디론가 흩어져

보이지 않네

웅덩이에

꼬리 담근 잠자리

빳빳이 서서

날개를 치며

파르르 떨고 있네

임 부르는가

매미의 울음1

비 개인 오후
우렁찬 매미 소리
한여름이네

버드나무 숲
노래하는 매미떼
합창대횐가

매미의 울음
곧 세상 떠날 날을
알고 있는가

매미의 울음2

살날이 짧아

임 빨리 찾고 싶어

목청 높이고

온몸을 떨며

처절히 우는 매미

더 살고 싶어

여름 코스모스

가을 온 줄 알고
먼저 핀 코스모스
지금 여름야
아직 더운데
억지로 혼자 피어
뽐내지만
한데 어울려
찬바람에 흔들리는
그게 네 모습이야

고추의 변신

고추의 변신

초록이 빨강 되어

독기 품었네

알몸 수박

비바람 불어

잎줄기 찢기워져

알몸인 수박

올망졸망

밭 가득 널브러져

말라가는데

멍한 농부

속 다 타들어가도

손쓸 길 없네

수박서리

원두막 아래
숨어든 수박서리
가슴 조마조마

선잠든 노인
헛기침 소리에
머리가 쭈뼛

수박 따서
살금살금 기어나와
지키나마나

가을

새재 옛 주막

꼬불꼬불 산길
한양가는 나그네
날이 저물어
봇짐 풀고
하룻밤 묵어가던
새가 놀던 곳
옛 주막 있어
한 잔 할까 들르니
주모가 없네

상사화

언제나 볼까
만나지 못한 애절함
상사화 꽃 잎

상사화 꽃 잎
한몸에 태어나도
볼수 없다니

돌 얹고 소원 빌고

쌓인 돌 위에

작은 돌 하나 얹고

내 소원 빌고

산에 오르면

탑 옆에 또 탑 있어

돌 하나 얹고

한 발짝 가면

건들건들 불안해

뒤돌아보고

버텨주기를

간절히 비는 마음

또 다른 소원

상념

가을이 왔는가
귀뚜라미 우는 밤
상념에 잠겨
텅빈 허전함
외로움이 몰려와
울컥해진다

귀뚜라미 울음

귀뚜라미는

왜 구석에 숨어서

지겹도록 울까

흙먼지 구석

더러운 집 서러워

신세 탓하나

가을이 오면

가을이 오면

갈대가 흔들려도

가슴 설레고

낙엽이 말라

바람따라 뒹굴면

가슴이 저려

연정

갈바람 불자

누군가 보고 싶다

어디 있을까

말린 은행잎

노란 부채 엽서에

그립다 쓰고

밤새 앓았던

속마음 남이 알까

책 속에 감춘다

콩서리

소 치는 아이
남의 밭 콩서리에
해는 저물고
길 잃은 소떼
온 동네 밭 휘젓고
마구 파헤쳐
밭 주인 놀라
헐레벌떡 뛰어와
소리 지르니
동네 어르신
하나 둘 모여들어
자기 소 찾네

저녁 이슬

초저녁인데

산에는 냉기 서려

이슬 내리네

불빛에 비친

잔디에 맺힌 이슬

영롱한 보석

그 찬란함에

발걸음 잠깐 멈추고

황홀경에 도취

눈 속에 담으려

발아래 처다보니

발이 시리네

비둘기의 비행쇼

시험보는 날
텅빈 운동장 날며
쇼 하는 비둘기
교실 안에는
학생들이 머리 숙여
시험지만 볼 뿐
바깥에 비둘기
쉬임없이 공연해도
볼 여유가 없네

까치집

손님이 올까

아침마다 까치 울어

집 앞 나무 위

나무 꼭대기

여기저기 까치집

여럿 있었네

전원 카페

연못가 카페
갈대꽃 헝클어져
가을 깊으니
연인들 쌍쌍
벤치에 기대 앉아
사랑 키우네
해 질 녘 카페
구수한 피자 냄새
사람들 모이고
연못 안 왜가리
고개 돌려 두리번
카페 보나봐

외로운 왜가리

왜가리 홀로

목길게 뻗고 먼 곳 응시

누굴 기다리뇨

대나무숲 속 감나무

대숲에 갇혀

감나무 죽어가도

감은 달고 있네

홍시 만들기

실 꿰어 매단

일찍이 따온 땡감

홍시 되기를

창가에 두고

만지고 자꾸 만져

물렁물렁해

빠알간 홍시

쪼개어 한입 물자

떫기만 해

나목의 설움

가을비 오는날

꽃보다 고운 단풍

마구 떨어져

지나는 행인

눈길 하나 주지 않고

그냥 짓밟아

화려했던 날

잊혀지는 서러움

나목은 운다

산 속의 아침

산 속의 아침

뽀안개 희미하게

어둠은 가고

산 너머 저 쪽

붉은 햇살 비치네

나무 사이로

담쟁이

담벽에 붙어

몸 바들바들 떨며

잔뿌리 박고

가녀린 줄기

사방으로 뻗어 올라

담장 넘었네

뜨거운 여름

바짝바짝 타는 아픔

다 이겨내고

어느새 담장

무성한 잎새 엉켜

단풍 들었네

가을 자작나무숲

노란 모자 쓰고

새하얀 제복 입은

자작나무숲

가을 축제에

의장대 사열하듯

줄지어 섰네

골뱅이국

논 그루터기
사이로 구멍 송송
논 골뱅이집
발 푹 빠지며
손가락으로 구멍 찔러
골뱅이 캐어
탱자 가시로
삶은 골뱅이 살 뽑아
무 넣고 한 솥
국 끓여 먹으면
오랜만에 비린 냄새
생선국이네

장수하는 벌레

장수하려나

구기자 줄기에

붙어사는 벌레

코스모스꽃

바람에 한들
몸 가눌 길 없구나
코스모스꽃
먼 데서 보니
나비가 나풀나풀
춤을 추네

석류

주머니 속에
오밀조밀 한가득
빨간 석류알

서리 내리자
붉은 이빨 드러내고
입 벌린 석류

떨어진 모과

학교 교문 안
샛노란 모과 하나
길가 떨어져
밤 찬 서리에
몸 시려 웅크리다
잘못 되었나
상처난 모과
향기 더욱 진해
달콤한 냄새
방안에 두고
겨우내 향기 맡으면
감기 달아나

벼논의 메뚜기

이슬띤 볏잎
사이사이 폴짝폴짝
뛰는 메뚜기
한 놈 낚아채
지푸라기에 꿰고
또 한 놈 잡고
날랜 메뚜기
요리 조리 숨어도
날개 보이네

단풍잎1

다섯손가락

노란 가을 단풍잎

리본 달았네

단풍잎2

빨간 단풍잎

손 등이 오동통해

아가 손 닮아

알밤 3형제

가시벽 찢고
빼꼼히 얼굴 내민
알밤 3형제
가지런히 앉아
살짝 미소 짓다가
바깥 세상이
너무 궁금해
얼굴 들어 내밀다가
후두둑 떨어져

알밤 까먹기

밤송이 툭툭
떨어져 입 벌리고
밤알 내밀면
두발로 밟아
자근자근 뒤틀어
속알 꺼내어
덜 여문 껍질
손으로 얼른 벗겨
입 가득 넣고
깨무는 순간
속껍질 함께 씹어
아이! 떫어

다람쥐

가을 다람쥐

나무에서 내려와

도토리 주워

하나 깨물고

또 하나 땅에 묻고

고개 갸우뚱

두손 비비고

두리번거리다가

또 날아가네

가로수 낙엽

가로수 낙엽

도톳가 작은 나무

이불 덮어줘

은행잎 편지

은행잎 말려

사랑 고백 편지 쓰고

가슴이 콩닥

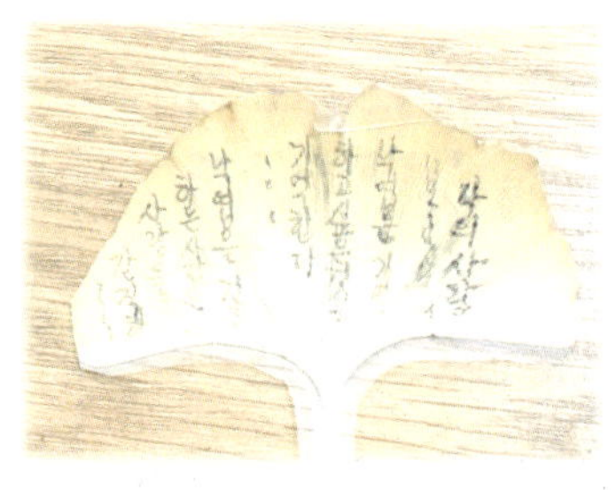

은행나무숲

소복이 쌓인

노란 은행나무숲

푹신한 카펫

자국 남을까

발걸음 가벼웁게

살짝 디딜 때

은행잎 하나

머리에 내려 앉는다

나비처럼 살짝

억새

산등성이 억새

어깨동무하고 서서

깃털 날리네

바람이 불면

잡은 손 놓지 않으려고

함께 흔들흔들

늦가을 서리

늦가을 새벽

눈인가 서리인가

하야얀 지붕

겨울

겨울 나무

무성했던 잎
바닥에 다 떨구어
겨울산 덮고
하늘로 우뚝
맨 몸으로 버티는
겨울나무
칼바람 불 때
추위에 아파하며
신음하는데
단풍 꽃무늬
빛바랜 이불 덮고
겨울산 잠자고
도토리 살짝
이불 속에 숨어들어
참나무 싹트네

보리밭 밟기

겨울 보리싹
뿌리에 얼음 박혀
땅 위로 솟아
얼음 녹으면
뿌리 말라 죽을라
보리밭 밟자

갯벌

물 잠긴 갯벌
저어새 목 길게 뻗고
물고기 잡고

물 빠진 갯벌
조개잡이 아낙들
일손이 바빠

한겨울 갯벌
뿌옇게 얼음 솟아
바라만 보네

군고구마

시내 한 골목

군고구마 드럼통

불 냄새 달콤해

찬 손 호호 불며

고구마 한 입 꿀꺽

목구멍이 뜨끔

겨울 소나무

겨울 소나무

노란 솔잎 떨어져

켜켜이 쌓여

바짝 마르면

아궁이 불쏘시개

화력이 최고

썰매

썰매 타다가
얼음 깨져 발 풍덩
양말 다 젖어
불 피워 놓고
양말 말리려다가
홀랑 다 태워

황태

황태국 속에

눈 바람 모진 역경

다 녹아 있네

겨울 내내

살이 얼었다 녹아

문드러지는

그 고통을

국물에 뽀얗게

다 쏟아냈네

겨울 감나무

나무에 홍시
얼려서 먹으려고
그냥 뒀는데
까치 날아와
날마다 쪼아 먹어
제 밥인양
함박눈 펑펑
뿌옇게 쏟아지던 날
까치 오지 않고
홍시 눈 맞고
돌처럼 꽁꽁 얼어
이건 내가 먹지

겨울에 핀 개나리

따뜻한 겨울

담벼락 밑 개나리

봄 온 줄 알고

철 이른 개나리

꽃 빨리 피우려다

서리에 얼어

부엉이 울음 소리

긴 긴 겨울밤
부엉이 울음 소리
잠에서 깨고
점점 가까이
커져가는 소리에
무서움 밀려와
잠 못 이루고
이불 속 얼굴 묻고
날이 새기를

참새 둥지

한 겨울 참새
밤이 추워 날아와
초가 지붕 밑에
처마 밑 둥지
보금자리 틀고
깊은 잠 잘 때
검은 그림자
살며시 다가와
한 손으로 꼬옥

산골 마을

산골 마을에

추운 겨울이 오면

해는 곧 지고

어둠이 내려와

바깥은 컴컴한데

부스럭 소리

싸릿문 밖에

움직이는 그림자

산짐승일까

겨울 나그네

겨울 나그네

가로등불 아래서

언 손 녹이네

자취생

날은 차갑고

연탄불은 꺼지고

자취생 설워

졸업식장에서 1년을 회상하며

새봄에 본 너
열정과 의지가 보여
가슴 설렜지
미소 띤 얼굴로
친절하게 다가와
난 행복했어
한더위가 오자
넌 변하기 시작했지
무덤덤으로
함께 있어서
이젠 익숙해졌구나
애써 위로하며
널 바라보았지
볼 날이 많지 않네
맘이 짠하다
사랑스럽다
엄마의 마음으로
꼭 안아주마
너 떠나는 지금
겨울바람 몹시 차서
속까지 시리구나
또 봄이 오면
새 학년 새 얼굴 만나
가슴 설렐까

발문

지금은 대구광역시로 편입되어 부도심을 이룰 정도로 번성한 곳이지만 시인이 나고 자랄 적의 칠곡은 한적하고 빈한한 시골이었다. 얼굴 희고 눈이 반짝거리던 소녀는 공부를 곧잘 했는데 시골에서 중학교를 마치고는 담임교사가 권면하는 대로 대구 소재의 명문여고인 경북여고에 시험을 쳤고 당당히 합격했다. 진학은 자연스럽게 국립대 사범대로 이어졌고 졸업하자마자 경북의 오지인 영양 소재의 중학교로 발령이 났다. 초임지에서 학생들과 맺은 인연은 정년이 가까운 지금까지 이어져 동창회나 사은회 때 초대를 받고 하신다니 관계를 소중히 여기고 유지하는 모습은 그때나 지금이나 여전하신 듯하다.

시인은 시골에서 나서 농사를 거들며 성장한 까닭에 계절의 순환에 대한 감응이나 자연물과의 친화력이 특히 뛰어난데, 이는 생래적으로 풍부한 시적 감수성과 어우러져, 詩作은 마치 수량 풍부한 샘물 길어 올리듯 다만 떠오르는 시상을 받아 적기만 하면 된 것이 아닐까싶다. 밀레가 농경화가라 불리던 데서 착안하여 내 멋대로 '농경시인'이라 불러본다. 아무튼 시인의 탄생은 오래된 예언처럼 이루어지고야 말 필연을 띠고 있었던 것이다.

우리 늦깎이 시인의, 자연주의와 생명중심사상에 바탕한

서정시들은 영국의 워즈워드, 미국의 휘트먼, 한국의 소월과 영랑의 작품에 빗대어도 손색없다고 엄지손가락을 곧추세워 본다. 이는 대학동문이자 직장동료라는 사적인 관계에서 비롯된 선심이거나 입발림이 아니다. 시집을 펼치고 읽기 시작하는 그 지점에서 누구나 이에 동감하리라 믿으며 출판사 사장의 안목으로 시인의 두 번째 시집을 미리 선도매하고자 한다.

정성희 선생님, 첫 시집 발간 축하드립니다.

2019.5.20. 교정에 작약이 벙그러지는 늦봄 어느 날

고수미